LA
NOUVELLE-CALÉDONIE
DEVANT LA FRANCE

PAR

P. DELABAUME

CONSEILLER GÉNÉRAL DÉLÉGUÉ

DE LA NOUVELLE-CALÉDONIE

PARIS
IMPRIMERIE ET LIBRAIRIE CENTRALES DES CHEMINS DE FER
IMPRIMERIE CHAIX
SOCIÉTÉ ANONYME AU CAPITAL DE SIX MILLIONS
Rue Bergère, 20
1886

LA
NOUVELLE-CALÉDONIE
DEVANT LA FRANCE

PAR

P. DELABAUME

CONSEILLER GÉNÉRAL DÉLÉGUÉ

DE LA NOUVELLE-CALÉDONIE

PARIS
IMPRIMERIE ET LIBRAIRIE CENTRALES DES CHEMINS DE FER
IMPRIMERIE CHAIX
SOCIÉTÉ ANONYME AU CAPITAL DE SIX MILLIONS
Rue Bergère, 20
1886

Paris, le 5 juillet 1886.

A Messieurs les Sénateurs
et Messieurs les Députés.

Messieurs,

Le Conseil général de la Nouvelle-Calédonie m'a envoyé en France pour présenter ses revendications au Gouvernement, et faire connaître au pays les aspirations de cette lointaine possession.

J'ai rempli la première partie de mon mandat par mes démarches auprès des Ministres, et les rapports que je leur ai adressés.

J'accomplis la seconde en exposant au Parlement les besoins et les ressources de cette colonie trop peu connue.

Puissé-je, Messieurs, vous intéresser assez à notre cause pour que vous me prêtiez l'appui de votre parole !

Veuillez agréer, Messieurs, l'expression de mon profond respect.

Le Conseiller général délégué
de la Nouvelle-Calédonie,

DELABAUME.

LA

NOUVELLE-CALÉDONIE

DEVANT LA FRANCE

Situation géographique.

La Nouvelle-Calédonie est une île de l'Océanie mélanésienne, longue de 400 kilomètres et large de 50, située dans la zone tropicale du Capricorne. Elle s'étend du sud-est au nord-ouest, entre les 161me et 165me méridiens, les 20me et 23me parallèles.

Elle se trouve à l'extrémité ouest de cette ligne presque ininterrompue d'îles innombrables, que termine à l'est l'archipel des Marquises, sur un développement de 4,500 milles, et qui apparaît comme l'arête médiane d'un vaste continent submergé, dont les principaux points culminants sont, de l'est à l'ouest, Taïti, les Fidji, les Nouvelles-Hébrides et la Nouvelle-Calédonie.

A l'heure actuelle, les voyageurs européens qui veulent éviter de doubler soit le cap de Bonne-Espérance, à la pointe africaine, soit le cap Horn, à l'extrémité du continent américain, ou de franchir en sept jours l'Amérique, de New-York à San-Francisco, par le chemin de fer, traversent successivement la Méditerranée, le canal de Suez, la mer Rouge, entrent dans la mer des Indes, et sont obligés de contourner l'Australie pour atteindre la Nouvelle-Calédonie. S'ils se dirigent sur la partie septentrionale de l'Australie, ils franchissent le détroit de Torrès, qui la sépare de la Nouvelle-Guinée. S'ils prennent la voie plus suivie qui vise la partie méridionale, ils descendent jusqu'à l'Océan, et débouchent par le détroit de Bass, entre le continent australien et la Tasmanie. Suivant la route adoptée, la Nouvelle-Calédonie est à 12 ou 13,000 milles de Marseille.

Après le percement de l'isthme de Panama, elle se trouvera à 14,000 milles de Saint-Nazaire.

Situation stratégique.

Si, par Panama, la distance doit être augmentée, ce désavantage est largement compensé par l'établissement d'une communication directe entre la France et sa lointaine colonie. La preuve en ressort immédiatement de l'examen des conséquences qu'aurait pour cette dernière une guerre de la France avec l'Angleterre. Le chemin, aujourd'hui, se trouve barré par l'Australie, que protègent, comme des forts détachés, la Nouvelle-Guinée, la Tasmanie, la Nouvelle-Zélande. Il ne reste libre que par le cap Horn, et le voyage est d'une telle durée que les secours devraient arriver tardivement. Du côté opposé, les navires passent entre les Açores et les Canaries, possessions portugaise et espagnole, franchissent un vaste désert d'eau pour entrer dans la mer des Antilles, où ils n'ont que la Jamaïque à éviter, — ce qui est facile, — rencontrent, au sortir du canal de Panama, les îles Gallapagos, qui appartiennent à la République de l'Équateur, traversent 3,000 milles de mer libre, trouvent les eaux françaises aux Marquises, et au milieu d'îlots sans importance, la plupart inoccupés, passent à distance de la colonie anglaise, peu redoutable, des Fidji, arrivent à l'archipel neutre des Nouvelles-Hébrides, et parviennent sans obstacle sérieux en Nouvelle-Calédonie.

Importance politique de la Nouvelle-Calédonie.

Est-ce donc qu'un intérêt capital s'attache à la conservation de cette île, dans laquelle, en France, on ne voit généralement qu'un vaste bagne? Ce n'est pas encore le moment d'examiner sa valeur intrinsèque. Nous voulons, avant tout, établir celle qu'elle doit à sa situation géographique.

Son importance est telle que, lorsque le Gouvernement français s'en est emparé en 1853, il n'a dû la prise de possession qu'à une lutte de vitesse avec l'Angleterre, et à un concours de circonstances presque romanesques.

C'est qu'en effet, la Nouvelle-Calédonie, sentinelle avancée de l'Australie, dont la séparent à peine 800 milles, assurait à l'Angleterre, par l'annexion des Nouvelles-Hébrides et d'une foule d'îlots sans maîtres, une suprématie dans l'Océanie, que ne pouvaient balancer les occupations insignifiantes des autres puissances. L'itinéraire que nous avons tracé par le canal de Panama, se faisait à son profit exclusif. Un fil immense de 15,000 milles reliait sans solution de continuité le continent australien aux Iles Britanniques. Le voyage, au lieu d'être allongé, se trouvait, pour l'Angleterre, raccourci de la traversée de la France, et, en cas de guerre, du détour qu'il lui faudrait faire pour joindre le détroit de Gibraltar. Appuyée sur l'Australie, elle pouvait, au besoin, se passer de la Méditerranée pour arriver aux Indes, et maintenir avec celles-ci la facilité, la rapidité même des communications. Elle enveloppait d'un cordon anglais les quatre cinquièmes du globe.

En gardant par les Iles Marquises et la Nouvelle-Calédonie les issues du passage Océanien, la France a rendu ce programme grandiose, sinon absolument irréalisable, du moins compliqué d'un détour, sans autre escale possible que les Sandwich au nord de l'Équateur, ou la Nouvelle-Zélande au sud. La traversée du grand Océan se trouve doublée, la navigation devient plus périlleuse, la célérité du voyage est perdue.

C'est le complément de l'œuvre patriotique entreprise par M. de Lesseps, qui est déjà compromise à Suez, et qui devra être sauvegardée à Panama.

Fortification de la Nouvelle-Calédonie.

Mais il serait inutile de posséder, à l'extrémité du monde, une forteresse, si on ne la rendait inexpugnable. Rien n'est plus facile. La nature s'est chargée de la défense, et il reste peu à faire à la main de l'homme. Couverte au nord par des îlots rapprochés, dont le principal est Paaba, à l'est par le groupe des Loyalty, au sud-est par l'île des Pins, la Nouvelle-Calédonie est entourée, au sud et à l'ouest, d'une ceinture de récifs qui en rend l'accès impossible aux navires d'un tonnage moyen, ou, tout au moins, les force à s'engager dans des passes dangereuses, qu'il est aisé de surveiller.

Cette étude ne comporte pas des indications techniques, qui ressortissent au génie militaire. Il suffit de constater qu'on n'a rien fait jusqu'ici pour garantir d'un coup de main les approches de l'île, et l'île elle-même, soit qu'une attaque paraisse invraisemblable, soit qu'on ait une confiance exagérée dans les défenses naturelles.

Annexion des Nouvelles-Hébrides.

Une autre nécessité non moins impérieuse, c'est que la Nouvelle-Calédonie ne demeure pas isolée à l'extrémité de cette longue ligne que protègent à l'est les Marquises, les îles Gambier et Taïti, et que nous avons déjà commis l'imprudence de laisser rompre : l'Allemagne a pris possession des petites îles Samoa et Tonga ; l'Angleterre s'est établie plus près de nous, aux Fidji. L'archipel des Nouvelles-Hébrides reste disponible à 350 milles de la Nouvelle-Calédonie. Notre sûreté nous en commande l'annexion.

Avec les Nouvelles-Hébrides, nous tenons à notre merci les petites colonies disséminées entre ce point et Taïti, nous sommes les maîtres de la navigation Océanienne, nous avons en main, de ce côté, la clef de l'Australie.

Sans les Nouvelles-Hébrides, la question se retourne

immédiatement. Au premier signal de guerre, l'Angleterre les occupe ; la Nouvelle-Calédonie est enfermée dans le cercle de fer que forment autour d'elle l'Australie, la Nouvelle-Guinée, l'archipel Hébridais, les Fidji, la Nouvelle-Zélande, cercle d'autant plus complet que nous avons, avec notre imprévoyance habituelle, laissé les Allemands prendre possession des îles Salomon, et s'intaller sur la partie de la Nouvelle-Guinée que n'avait pas occupée l'Angleterre. Ne pouvant être secourue, notre colonie doit fatalement succomber ; la prise de Taïti, des îles Gambier, des Marquises, n'est qu'une question de temps, et, du continent australien à celui de l'Amérique, sur un parcours de 10,000 milles, notre rivale devient la reine des mers.

Objecter que la France pourrait devancer l'Angleterre aux Nouvelles-Hébrides en cas de guerre, serait méconnaître la condition désavantageuse de son éloignement, la proximité et les forces de l'Australie, l'impuissance de la Calédonie réduite à ses seules ressources.

Il ne faut donc pas attendre un commencement d'hostilités pour prendre possession, c'est pendant la paix qu'il importe de l'effectuer, sans se préoccuper de récriminations et de menaces, dont nous avons trop tenu compte jusqu'ici.

L'Angleterre, après la surprise loyale de la Nouvelle-Calédonie, s'est efforcée d'en éloigner les conséquences. Elle a commencé par occuper les Fidji. Elle a continué par nous retirer diplomatiquement les Nouvelles-Hébrides, dont elle ne pouvait nous interdire valablement la prise de possession. Elle nous a liés par une convention, que nous avons étourdiment consentie en 1878, et plus maladroitement encore renouvelée en 1883, aux termes de laquelle les deux puissances s'engagent mutuellement à ne pas s'annexer cet archipel. Heureux serons-nous si le troisième larron de la fable, ou un compère de l'Angleterre, ne s'empare pas quelque jour des terres en litige.

Cette convention rassurait l'Angleterre pour la période de paix; elle ne s'inquiétait pas des éventualités de guerre, sachant, comme nous l'avons démontré, qu'elle pourrait toujours aisément nous devancer.

Mais, pour que la convention eût quelque valeur, il fallait qu'elle fût également respectée par les deux nations contractantes. Il n'en a rien été, et c'est l'Angleterre qui a donné l'exemple de la violation.

Tandis que la France se bornait à autoriser, sur un territoire neutre, des opérations de recrutement de travailleurs pour la Nouvelle-Calédonie, dont ses gouverneurs surveillaient la régularité, l'Angleterre envoyait des missionnaires aux Nouvelles-Hébrides pour préparer les indigènes à la recevoir; son gouverneur aux Fidji, nommé à cet effet « grand commissaire, » appelait les colons dans l'archipel, réglementait l'achat des terrains, délivrait des permis de recrutement; un navire de guerre anglais stationnait aux Nouvelles-Hébrides, et son commandant réglait les différends entre les colons et les indigènes, et donnait l'authenticité aux transactions intervenues.

C'était l'application, déloyale en l'espèce, de la méthode familière au gouvernement anglais, qui lance ses nationaux sur tous les points encore inoccupés du Globe, les encourage, les soutient, et, un jour, n'a plus qu'à rendre officielle une prise de possession effective.

C'était un protectorat réel, et exercé avec une rigueur dont nos recruteurs ont plus d'une fois souffert.

De plus, cette convention n'avait de raison d'être que le maintien du *statu quo* dans l'Océanie, et l'Angleterre a cessé de la respecter quand elle a planté son drapeau en Nouvelle-Guinée, et plus récemment encore à l'île Kermadec.

La vérité est donc que la convention est aujourd'hui dénoncée de fait, et de par les agissements de l'Angleterre.

Nous en inquiéter davantage serait pousser la chevalerie jusqu'à la duperie.

Quant à l'agitation factice si habilement entretenue en Australie par l'épouvantail des transportés et des récidivistes, elle est apaisée dans la Nouvelle-Galles du sud, et elle tombe constamment dans les autres provinces devant cet argument de droit que nous sommes maîtres chez nous, cette considération de fait que les évasions de la Nouvelle-Calédonie n'envoient pas dix malfaiteurs par an à sa prétendue voisine, et cette simple réflexion que nous ne sommes pas obligés d'interner aux Nouvelles-Hébrides des condamnés ou des récidivistes.

Qu'avons-nous donc à nous préoccuper davantage d'une convention tombée à l'état de lettre morte, et de protestations ridicules, émanées d'une colonie anglaise, que sa métropole appuie sans oser, d'ailleurs, discuter la valeur de ses revendications?

Il faut vraiment que la fierté nationale n'existe plus pour que nous ayons bénévolement subi la prohibition du recrutement aux Nouvelles-Hébrides, le veto sur la prise de possession, les insolences du consul anglais, l'arrogance de son gouvernement, les fanfaronnades de l'Australie. On est peiné de voir à un ministère républicain l'attitude humiliée, que n'aurait pas désavouée Louis XV, mais dont eût rougi Charles X.

Qu'attend donc le Gouvernement français pour s'annexer un archipel qui, — le premier ministre anglais l'a reconnu récemment, — est une dépendance naturelle de la Nouvelle-Calédonie ? Est-ce une prise effective de possession, qui le mette en présence d'un fait accompli, et dégage la responsabilité diplomatique en engageant la responsabilité nationale ?

Cette prise de possession a été faite, non par un coup de main qui eût pu être désavoué, mais par une occupation pacifique.

Il y a trois ans qu'un habitant de la Nouvelle-Calédonie, l'un de ses plus anciens colons, M. Higginson, Anglais de naissance, mais Français de cœur, aujourd'hui de fait par la naturalisation, a commercialement conquis les Nouvelles-Hébrides. Effrayé de l'extension qu'y prenaient les Anglais, il les a combattus avec leurs propres armes. Après avoir fondé la « Compagnie Française des Nouvelles-Hébrides », il a racheté aux trafiquants anglais, moins patriotes que spéculateurs, toutes leurs possessions; il a, sous la surveillance des commandants des bateaux de guerre français, acquis des indigènes de vastes étendues de terrains, et substitué dans l'archipel notre influence à celle des autres nations. Aujourd'hui, la Compagnie est propriétaire de 650,000 hectares, a des comptoirs dans toutes les îles principales, a commencé une importante immigration, et a déshabitué la race autochtone de tout autre prestige que celui de la France.

L'annexion existe en fait ; il appartient au Gouvernement de la consacrer en droit, et de terminer l'œuvre si bien commencée par un simple citoyen.

Colonisation par les libérés.

Indépendamment de la question politique, l'annexion des Nouvelles-Hébrides en résoudrait une sociale, dont se préoccupent à juste titre les administrations de France et de Calédonie, celle des libérés de la transportation.

Ces malheureux, à qui, pendant la durée de leur peine, était faite une existence assurée et très supportable, qui, en se conduisant bien, jouissaient de certains égards et d'une considération relative, trouvent à la porte du bagne l'incertitude du lendemain et le mépris général. Le petit pécule qu'ils ont lentement amassé est vite absorbé par l'achat de nouveaux vêtements et les réjouissances excusables des premiers jours de liberté. Ils ne tardent pas à errer dans l'île, cherchant du travail dans les mines, dont le chômage est presque absolu depuis un an, et chez les particuliers, qui les emploient avec répugnance, et leur préfèrent la main-d'œuvre, plus économique et moins indépendante, des condamnés. La misère les ramène fatalement au crime, et au bagne, leur unique refuge. Cette bande de 4,000 désespérés est un danger permanent pour la colonie, et la condamnation vivante de notre système pénitentiaire. Le sort des libérés est si misérable que, sans la soif ardente de liberté dont souffrent tous les captifs, les condamnés devraient voir avec terreur approcher le jour de leur libération.

Eh bien, ouvrez-leur aux Nouvelles-Hébrides un avenir aussi riant qu'il est sombre en Nouvelle-Calédonie. Il serait facile, tout en respectant les droits acquis des indigènes et de la Compagnie existante, en sauvegardant les intérêts de la colonisation libre, et en lui évitant les graves inconvénients d'une promiscuité forcée, de créer d'immenses réserves, dans lesquelles des concessions seraient accordées aux libérés. Vous leur donnerez les outils et les semences nécessaires ; vous leur assurerez jusqu'à la première récolte des vivres, d'une nature et d'une quantité strictement suffisantes, afin que les conditions de l'existence soient maintenues, mais que le travail demeure indispensable ; vous leur enlèverez, en leur rendant la loi commune, la dernière entrave qui les rattache au bagne, et, délivrés ainsi des obligations réglementaires qui réveillent sans cesse le souvenir de leur infamie, ils auront la possibilité de conquérir par la régularité de leur conduite l'estime des honnêtes gens.

A l'exception de quelques êtres en dehors de l'humanité, les criminels sont généralement doués de facultés qui, bien dirigées, auraient fait d'eux des hommes utiles, parfois remarquables. Ils possèdent à un haut degré l'intelligence, l'énergie, la force physique, l'endurcissement corporel, que développe une lutte constante contre la société. En utilisant pour le bien ces puissants moyens d'action, qu'ils ont tournés vers le mal, ils deviendront les pionniers de la civilisation aux Nouvelles-Hébrides. Ils feront circuler un air revivifiant dans les forêts qui couvrent cet archipel ; ils dessécheront les marais qu'il renferme ; ils assainiront par la culture un sol dont l'insalubrité est uniquement due à la profondeur de la couche qu'ont formée, à la suite des siècles, les dépôts de débris végétaux; ils exploiteront la fertilité merveilleuse de ces îles intertropicales; ils fonderont des villages; ils feront du commerce et de l'industrie: ils prépareront par le croisement la fusion des races, et un jour, libres par eux-mêmes, par leurs descendants, par l'appoint d'une immigration incessante, ils auront doté la France d'une florissante colonie.

Ainsi comprise, l'occupation des Nouvelles-Hébrides ne fournira aucun prétexte aux réclamations australiennes. Car ce qu'affectent de redouter les successeurs et les héritiers des *convicts*, ce n'est pas la flétrissure du condamné, c'est le dénûment de l'évadé. Quant aux libérés, ils s'accommodent volontiers de leur contact, et ils ne repoussent pas leur concours. Ils les accueillent dans leurs chantiers, ils les autorisent à ouvrir des magasins, et le gouverneur de Sydney a longtemps eu pour chef de cuisine un libéré français, aujourd'hui établi à son compte, qu'il appelle encore aux jours de gala.

L'annexion peut donc se faire sans autre protestation que la vaine opposition d'une convention tombée, de par le fait de l'Angleterre, à l'état de lettre morte. Elle doit se faire, car elle est imposée par des considérations politiques de l'ordre le plus élevé, elle est l'unique moyen de résoudre le problème de la libération, elle fournit seule à la Nouvelle-Calédonie la voie de dégagement par laquelle passera l'introduction des récidivistes.

Ressources naturelles de la Nouvelle-Calédonie.

Après avoir établi l'importance stratégique de la Calédonie, nous allons examiner ce qu'elle vaut par elle-même, reconnaître si elle est simplement un amoncellement de rochers propre à recevoir une citadelle, ou si elle renferme les éléments d'une existence propre et prospère.

Ce point est important : car, tout imprenable qu'il serait devenu, notre Gibraltar Océanien ne peut résister à un blocus prolongé qu'à la condition de se suffire à lui-même, et de n'exiger d'autre secours que celui des manœuvres maritimes. Il faut qu'abondamment pourvu d'hommes, d'armes et de munitions, il possède dans ses magasins et ses plaines l'approvisionnement et le renouvellement de ses vivres.

Voyons donc si la Nouvelle-Calédonie se trouve dans des conditions qui lui permettent de n'avoir pas à compter, le cas échéant, sur l'assistance de la métropole.

Climat.

L'orientation de cette île lui vaut d'être constamment balayée par les vents rafraîchissants de sud-est, qui, même à l'époque des grandes chaleurs, y entretiennent une température agréable. Il en résulte que l'Européen peut impunément s'y livrer aux travaux agricoles, et aussi que, malgré sa situation géographique, elle se prête à tous les produits des zones tempérées.

Salubrité.

La même cause lui assure une salubrité devenue proverbiale ; les épidémies communes aux pays chauds y sont inconnues, et les plus grands travaux de terrassement y ont été entrepris sans déterminer aucune maladie. En dehors des conditions naturelles, on trouve toujours, derrière la mort des colons, l'imprudence ou les excès.

Faune.

Il n'existe aucune espèce féroce ou venimeuse. Des insectes simplement incommodes, tels que le moustique, disparaissent devant la multiplication des centres de population. La sauterelle qui, pendant quelques années, a inquiété la culture, est aujourd'hui détruite, et ce fléau, qu'apportent les vents du nord-ouest, arrêté dans son développement, a cessé d'être périodique, et n'est plus qu'accidentel.

Les races utiles, importées par les Européens, ont prospéré au delà de toute prévision, sans exiger aucun des soins que, dans leur pays d'origine, commandent leur entretien et leur reproduction.

Flore.

La luxuriante végétation des tropiques ne se dément pas en Nouvelle-Calédonie, et il serait oiseux de refaire une nomenclature que donnent tous les traités de géographie.

Cette île doit en outre à ses conditions climatériques une disposition spéciale à accepter les introductions Européennes, qu'ont démontrée de trop rares expériences.

Système orographique.

La Nouvelle-Calédonie est traversée dans toute sa longueur par une chaîne de montagnes, d'une altitude moyenne de 800 mètres, dont les plus hauts sommets ne dépassent pas 1,600, et que de nombreux contreforts rattachent à la mer. Entre une succession de pics, jetés irrégulièrement, et qui déconcertent tous les systèmes, s'étendent de vastes plateaux, et se creusent de profondes vallées.

Irrigation.

Du flanc de ces montagnes, dont les gorges recèlent de verdoyantes forêts, s'échappent des cours d'eau qui méritent parfois le nom de fleuves, sinon par leur étendue, du moins par leur volume. Ils se prêtent à des travaux d'irrigation, dont les Canaques, propriétaires primitifs du sol, ont laissé de remarquables vestiges, et qui, multipliés avec les ressources de la science moderne, neutraliseraient les effets désastreux des années de sécheresse.

Terres arables et pâturages.

Sur les 2 millions d'hectares que présente la superficie de la Nouvelle-Calédonie, 700,000 environ, disséminés sur des plateaux et dans des vallées, généralement de proportions médiocres, quelquefois, au contraire, assez considérables, sont propres à la culture ou au pâturage.

L'élevage du cheval et du porc donne des résultats satisfaisants. Celui du mouton est beaucoup moins qu'en Australie contrarié par la présence d'une herbe dont les piquants pénètrent dans la laine de l'animal, atteignent les chairs, et déterminent son dépérissement. Quant à celui du bœuf, il a tellement prospéré qu'il a fini par être une cause d'encombrement.

La culture, grande ou petite, ne réclame ni un grand labeur ni le secours obligatoire des engrais. Les récoltes sont doubles pour la plupart des productions de la terre, et, dans certaines parties voisines des rivières, où la couche végétale atteint 8 mètres de profondeur, la fertilité est prodigieuse; on a obtenu jusqu'à onze coupes de luzerne par an.

Mines.

Les montagnes et les hauts plateaux renferment en abondance tous les minéraux connus, probablement même quelques-uns dont un jour la chimie déterminera la nature nouvelle et les propriétés. Le nickel, notamment, s'y rencontre en telle quantité que les extractions de la

Nouvelle-Calédonie ont fait une révolution sur les marchés Européens. Quant à la houille, elle existe sur toute la surface de l'île, et des recherches récentes permettent de pronostiquer qu'elle offre pour longtemps une ressource assurée aux besoins de la colonie.

Abris et voies de communication.

Les côtes très dentelées de la Nouvelle-Calédonie présentent plusieurs ports excellents, dont celui de Nouméa, sa capitale, peut renfermer une flotte entière, des baies profondes et des anses où les bâtiments d'un moyen tonnage trouvent de sûrs abris. De nombreuses rivières, navigables pour de petits navires, relient la terre ferme à la mer, et celle-ci, enserrée dans un anneau madréporique, rapproché du rivage sur la côte est, éloigné de plusieurs milles sur la côte ouest, forme une navigation intérieure qui, pour les caboteurs, a toute la sécurité d'un lac.

Mœurs des indigènes.

Les Canaques, habitants primitifs de la Nouvelle-Calédonie, sont loin d'avoir les mœurs féroces et la nature abâtardie que leur attribuent des observateurs superficiels. Ils sont grands, vigoureux, intelligents, adroits à tous les exercices du corps. Naturellement frugivores et ichtyophages, ils ne pratiquent le cannibalisme qu'en temps de guerre, par vengeance et par la conviction superstitieuse d'une assimilation de bravoure. Fiers, indépendants, attachés à leurs tribus, ne connaissant d'autre suprématie que celle des chefs, ils répugnent à la domination du blanc, lui prêtent leurs services pour une courte durée, et s'attachent difficilement à lui. Il faut reconnaître d'ailleurs que les gardiens des stations, hommes d'une nature rude et dominatrice, loin de leur inspirer l'affection, les ont mécontentés par plus d'un acte arbitraire. De là chez eux un sentiment instinctif de défiance, qui dégénère promptement en inimitié. Quand la tension est devenue trop grande, le moindre incident fait éclater une insurrection : les instincts sauvages se déchaînent alors dans leur terrible, et souvent injuste, exaspération, et l'on voit se produire les horreurs de 1878.

Il en serait tout autrement si les colons avaient toujours donné l'exemple de la bonne conduite et de la loyauté, et nous n'aurions trouvé que de précieux auxiliaires dans cette race, bien supérieure aux naturels de l'Australie. Les trop rares habitants de l'intérieur qui ont su conserver leur dignité, qui ont évité le double écueil d'une familiarité excessive et d'une morgue brutale, qui, par l'intermédiaire des chefs, ont employé les Canaques sans les éloigner de la tribu, dont les relations ont été exemptes de toute tromperie, dont la conduite a été un mélange heureux de bienveillance et de fermeté, ceux-là savent de quel utile concours ils sont susceptibles.

Le Gouvernement, qui leur doit déjà l'organisation d'un solide corps de police indigène, et d'une escouade d'infatigables facteurs de la poste dans le Nord, peut en faire des ouvriers et même des soldats. Il suffit de renoncer à des préventions irraisonnées, de leur donner un état civil, de les amener à comprendre les principes de la loi, qu'on leur applique sans discernement, et même sans équité, de faire d'eux d'abord des hommes civilisés, plus tard des Français. Tâche que poursuivent, non sans succès, nos missionnaires.

Perturbations météoriques.

L'île n'est pas sujette aux tremblements de terre, et ne renferme aucun volcan. Les orages, fréquents pendant la saison chaude, se résolvent en pluies bienfaisantes plutôt que meurtrières. Les cyclones, qui sévissent à de longs intervalles, sont circonscrits dans un espace restreint, ne causent que des pertes locales, et ne prennent jamais, comme dans d'autres régions, le caractère d'une calamité générale.

La Nouvelle-Calédonie mérite donc bien le titre de Perle de l'Océanie que lui avaient donné les premiers navigateurs.

Voyons ce que nous en avons su faire.

Situation sociale, industrielle et commerciale.

Quand, au sortir des riches villes de l'Australie, on aborde à Nouméa, l'impression est celle du désenchantement. La capitale de la Nouvelle-Calédonic se présente comme une triste bourgade, adossée à une montagne aride, composée de modestes maisons jetées sans ordre, percée de rues irrégulières, que la moindre pluie doit transformer en cloaques, sevrée de verdure, inondée d'un soleil implacable, que réverbèrent les toits en tôle galvanisée. En parcourant la ville, on modère la sévérité de son jugement. Après avoir relevé l'hôtel du Gouvernement, le Palais de Justice, l'Hopital militaire, l'Arsenal, les hôtels du directeur de l'Administration pénitentiaire et du commandant militaire, quelques maisons particulières agréablement situées, les arbres de la place des Cocotiers, et les habitations agrestes des faubourgs, on se dit qu'après tout, à défaut de la capitale attendue, on a sous les yeux un village fort supportable. On conçoit même qu'avec quelques années de goût et de persévérance, il y aurait peu de chose à faire pour créer là une ville tropicale, enfouie sous la verdure et rafraîchie par l'eau courante.

Mais quand, de cet examen matériel du bien-être, on arrive à celui de la situation commerciale et industrielle, on est frappé du petit nombre d'usines, du défaut d'animation que présente le port, du chômage évident des magasins, et l'on comprend que cette capitale est celle d'une colonie somnolente, que ce village est le cœur d'un corps anémié.

Si, quittant l'unique cité de l'île, et s'éloignant des maisons de plaisance, de la ligne civilisée qui fait la ceinture obligée des plus modestes villes, on s'enfonce dans l'intérieur, on a bientôt le mot de l'atonie dans laquelle s'éteint la Nouvelle-Calédonie.

Les routes ne tardent pas à manquer, et avec elles le commerce et l'industrie dont, seules, elles peuvent développer l'essor.

On revient écœuré de ce triste voyage, dans lequel on n'a rencontré que peu de centres intéressants, Bourail, Ouégoa, Canala, Gomen, peuplés de quelques centaines d'habitants, de misérables hameaux, des colons éparpillés loin de toute relation, et profondément découragés, de puissantes ressources inutilisées, la misère au milieu de richesses sans emploi.

Et le touriste navré écrit sur ses tablettes :

La culture n'existe qu'à l'état rudimentaire ;

L'élevage, devenu excessif, produit au delà des besoins du pays, et, manquant de débouchés, arrive à la vileté des prix, à la dépréciation des propriétés, à l'amoindrissement des fortunes ;

L'industrie, réduite à celle des mines, souffre également de l'exubérance des extractions, et s'endort dans un chômage presque absolu ;

Le commerce, ne trouvant pas dans l'exportation locale des éléments de spéculation, est restreint aux opérations de détail que nécessitent les besoins de l'existence journalière ;

Le capital, que ne renouvellent pas les transactions intérieures, demeure improductif aux mains des détenteurs, s'expatrie et cesse d'alimenter la circulation ;

Le crédit, dont la réserve monétaire est la base essentielle, se resserre de plus en plus ; l'escompte devient impossible, et, avant peu, une liquidation générale entraînera la ruine de la fortune publique.

Le diagnostic est vrai. Mais étant donnée la vitalité du malade, y a-t-il lieu de désespérer, quand surtout le médecin s'appelle la France ?

Assurément non.

Que faut-il?
Connaître les causes du mal.
Appliquer les remèdes nécessaires.

Causes de la crise. — Défaut de routes.

La première cause, nous l'avons déjà indiquée, c'est l'absence absolue de routes. On ne saurait, en effet, considérer comme un système, même embryonnaire, les quelques tronçons qui rayonnent autour de Nouméa, pour le plus grand agrément des autorités, et dont le plus long ne mesure pas 40 kilomètres. En dehors de ces avenues, dont la beauté fait d'autant plus cruellement sentir l'abandon extérieur, et de quelques kilomètres carrossables aux abords de Bourail et de Canala, on ne rencontre plus que des sentiers inaccessibles aux voitures, tracés par le passage des voyageurs, gravissant les pentes les plus raides, dégringolant des descentes vertigineuses, longeant les précipices, s'aventurant dans les marais, se perdant au travers des bois, et se déroulant devant le cavalier comme une voie douloureuse, semée de périls, de privations et de fatigues.

Et cependant, qui peut nier que les routes font la prospérité d'un pays et que, sans elles, il est fatalement condamné à la ruine?

D'où vient donc qu'après plus de trente ans d'occupation, ayant eu à sa disposition les bras de la transportation, la Nouvelle-Calédonie soit ainsi déshéritée, quand elle devrait posséder le réseau le plus complet?

De l'indifférence du Gouvernement, qui néglige ses possessions lointaines ;

De la centralisation à outrance, qui leur enlève toute initiative ;

De l'esprit des officiers de marine qui, (M. Pallu de la Barrière excepté), n'admettaient pas d'autre voie de communication que la mer ;

De l'instabilité des gouverneurs qui, pendant leurs deux ans de séjour moyen en Nouvelle-Calédonie, consacrent six mois à détruire l'œuvre du prédécesseur, autant à préparer la leur, le surplus à la commencer, et partent sans avoir mené rien à fin.

Et voilà pourquoi, privés de chemins d'accès à la mer ou aux rivières qui y conduisent, isolés au milieu des terres, grevés de frais de transports exorbitants, nos cultivateurs ne demandent au sol que la récolte nécessaire à leurs besoins personnels; voilà pourquoi nulle industrie n'est possible ; voilà pourquoi notre commerce reste tributaire de l'Australie et de la Nouvelle-Zélande, et leur achète des produits, propres au pays, que la Colonie ne pourrait lui livrer au même prix.

Incurie de l'administration pénitentiaire

Une autre cause de marasme pèse sur la Nouvelle-Calédonie, la nature indécise de sa colonisation.

Il s'est écoulé plus de dix ans entre la prise de possession et l'arrivée des premiers forçats. Pendant ce laps de temps, un certain nombre d'immigrants avaient jeté les fondations des centres d'habitation, pris des concessions, créé l'industrie pastorale, ouvert les premières mines, et installé des maisons de commerce. Quand on eut conçu la pensée de transporter en Nouvelle-Calédonie les condamnés, il était impossible d'expulser les premiers occupants, et une colonisation nouvelle, la pénale, dut venir se juxtaposer à côté de celle existante.

Instruite des inconvénients que ce rapprochement avait eus à la Guyane, l'Administration Pénitentiaire devait s'efforcer de les éviter en Calédonie ; considérer l'élément libre comme prédominant, et destiné à former la colonie définitive, l'élément pénal comme un instrument de travail, suivant le vœu formel de la loi ; garder avec soin ses dangereux pensionnaires, les employer presque exclusivement aux grands travaux d'utilité publique ; maintenir une discipline de fer, et ne donner des concessions qu'en récompense de la bonne conduite, et aux condamnés approchant de la libération. C'est ainsi que l'avait compris son premier chef, le colonel Charrière. Aussi est-ce à lui qu'on est redevable du peu qu'a fait la transportation.

Mais une fausse philanthropie a fait oublier ces sages principes, supprimer les peines corporelles, et remplacer par la fainéantise des ateliers la construction de routes, les nivellements de terrains, l'achèvement du port de Nouméa. Une interprétation erronée de la loi de 1854 a envoyé dans les concessions des hommes ayant encore de longues années de peine à faire, quelques-uns même condamnés à perpétuité, et en a privé les libérés, pour lesquels, dans l'esprit du législateur, elles devaient être un acheminement vers l'état libre.

Aujourd'hui les condamnés se divisent en plusieurs catégories, dont aucune ne subit la punition qui est censée la frapper et ne se régénère par le travail.

Les uns sont employés, soit aux ateliers et aux chantiers de l'île Nou, soit à la voirie de Nouméa. Ce sont les plus occupés, et ils ne le sont guère.

D'autres sont attachés, non sans danger, aux bureaux et aux magasins de l'Administration.

Certains servent de domestiques aux fonctionnaires.

Un petit nombre est mis à la disposition des cultivateurs.

Un millier environ, non les moins mauvais, mais les plus intrigants ou les mieux protégés, jouissent de concessions rurales, et même urbaines, notamment à Bourail, l'Eldorado de la Nouvelle-Calédonie, et le paradis des forçats. Là, presque entièrement affranchis de surveillance, débarrassés de la livrée du bagne, réintégrés dans l'exercice de leurs droits civils, ils vivent cent fois plus heureux que les honnêtes paysans de France ; ils se forment en syndicat pour la vente de leurs récoltes, sous le patronage et la protection de l'Administration, au grand préjudice des colons libres : sans licence ni patente, ils tiennent des débits de boissons et des magasins, en concurrence aux commerçants ; ils touchent trente mois de vivres, tandis que les immigrants n'en reçoivent que six, et quand la récolte vient à manquer, l'Administration s'empresse de leur venir en aide. Cette même Administration, joignant l'agréable à l'utile, leur donne des compagnes, triées parmi les beautés des maisons de réclusion, et de ces ignobles accouplements sort une prostitution éhontée, à l'aide de laquelle le travail nocturne de la femme entretient la débauche diurne du mari.

Les concessionnaires ont trop intérêt à conserver un tel état de choses pour le compromettre par aucun méfait; ils mènent donc une paisible existence de bourgeois dissolus, et, vue à distance, leur placidité est la justification de la loi de 1854.

Les autres transportés ne refrènent pas, ou n'ont pas ainsi endormis leurs instincts pervers, et commettent fréquemment des délits, voire même des crimes. Depuis la suppression du correcteur et de son terrible fouet, aucune punition ne les atteint. Les conseils de guerre, dont ils relèvent, prononcent bien la mort ou un lourd supplément de séjour au bagne; mais qu'est la peine capitale, quand elle est séparée de l'arrêt par le recours en grâce et son effet presque certain, quand des jeunes gens de 23 ans narguent le conseil, qui l'édicte vainement pour la troisième fois, quand, sur une réunion de 30 condamnés en quelques mois, deux seulement sont, suivant la dernière parole de l'un d'eux, lâchés par le Président de la République? qu'est une prolongation de 40 ans pour celui que détient la perpétuité, ou que des condamnations successives ont amené à 150, 200, 250 ans? La justice est désarmée, son appareil devient dérisoire, et l'on se demande si mieux ne vaudrait pas en supprimer le simulacre.

Comment! un soldat d'Afrique est mis au silo pour la moindre infraction disciplinaire ; le simple emprisonnement se fait en cellule dans quelques villes de France, et les forçats jouissent d'une entière inviolabilité!

Qu'est donc elle-même cette peine des travaux forcés, la plus sévère du Code, après la mort? Le dur labeur légal a été supprimé par l'incurie administrative ou des apitoiements irréfléchis ; le forçat est devenu un pensionnaire de l'État qui, mieux nourri, mieux soigné, plus ménagé que le soldat ou le matelot, attend, sous le plus beau ciel du monde, dans une quiétude absolue, les jours de la vieillesse, avec la certitude de la retraite, que n'ont pas les honnêtes travailleurs. On frémit à la pensée des conséquences d'un semblable système, et l'on se demande si, plus connu, il ne ferait pas émigrer vers les plages Calédoniennes tant d'hommes voués à la misère, sevrés d'éducation, que retiendrait médiocrement la perspective de la punition morale.

Quand, des administrés, on remonte aux administrateurs, l'influence du bagne sur la colonie, pour cesser d'être abjecte, n'en demeure pas moins néfaste.

L'Administration Pénitentiaire s'est habituée à se considérer comme un État dans l'État, ou plutôt comme l'État lui-même. Soumise en apparence au Gouverneur, elle lui échappe en réalité par sa force d'inertie. Oublieuse du rôle qui lui est dévolu, voyant dans la Nouvelle-Calédonie, non la colonie libre de l'avenir préparée par ses soins, mais un bagne plus vaste que ceux de Rochefort ou de Toulon, duquel doit être éloigné tout élément étranger, elle supporte impatiemment la présence des colons. Si elle n'encourage pas les vexations, du moins elle ne fait rien pour les prévenir ; elle tend ostensiblement à la lassitude et au départ d'immigrants qui la gênent. Elle absorbe à son usage exclusif une force dont elle n'est que dépositaire dans un intérêt général. Elle centralise dans ses chantiers et ses ateliers les nombreuses industries qu'elle devrait développer au dehors en leur assurant sa riche clientèle. Ses fermes-modèles, au lieu d'être des écoles d'expérimentation qui propageraient les cultures nouvelles, sont des exploitations agricoles, au moyen desquelles elle fait une concurrence meurtrière au commerce. Elle contrarie tous les efforts, elle paralyse toutes les bonnes volontés, elle annihile toutes les initiatives.

Dans ces conditions désespérantes, la colonisation libre agonise, et l'on s'étonne qu'elle subsiste encore. Aussi sa vitalité a-t-elle exaspéré nos gouvernants, on a eu recours aux mesures extrêmes, et sa mort a été décrétée.

Suppression projetée de la colonisation libre.

Tout d'abord, au lieu de poser franchement le débat entre la suppression de la colonisation libre et celle de la colonisation pénale, on a gravement recherché si une fusion était possible entre elles, sans songer que la réalisation de ce programme serait une révoltante immoralité. De cette étude, sciemment inutile, est sortie la condamnation, non avouée, mais résolue, de la première.

Le prétexte a été l'insuffisance du territoire pénitentiaire en présence du nombre croissant des transportés, des besoins de la libération, de l'envoi probable des récidivistes. Un recensement des terrains disponibles a été fait, dans le but déclaré de faire une délimitation définitive entre les réserves pénales et les propriétés du domaine local. Ce recensement a signalé 276,000 hectares propres à la culture ou à l'élevage, qui n'avaient pas encore d'occupants.

Il fallait trouver un moyen d'accaparer ce vaste territoire. Il fallait aussi profiter de l'occasion pour chasser les colons des 240,000 hectares de terre cultivable, et des 100,000 hectares de mines qu'ils détiennent.

Trois procédés se présentaient :

L'expulsion brutale, en vertu de ce principe teutonique : « la force prime le droit » ;

L'expropriation pour cause d'utilité publique, avec ses millions d'indemnités ;

La dépossession par la légalité et les tracasseries.

Le premier aurait soulevé l'indignation générale.

Le second nécessitait une loi et des sacrifices pécuniaires qui eussent été refusés.

Le troisième pouvait s'employer à l'ombre des décrets, avec l'apparence d'un abandon volontaire, loin du bruit et de la lumière; c'est celui qui a été adopté. Il manque de noblesse, il n'est pas français, mais il était infaillible.

On a commencé par enlever à la colonie le droit de récrimination, en lui faisant le don fallacieux d'un délégué au conseil supérieur. Ce pseudo-représentant, qu'elle eût dû refuser, ne possède aucune initiative, et n'est consulté que lorsqu'il est nécessaire de donner l'estampille à quelque produit ministériel. Dans une assemblée de 40 membres, dont les uns ont des attaches gouvernementales, dont les autres ont chacun des intérêts particuliers à défendre, il ne représente qu'une infime minorité. Quelles que soient son intelligence et son énergie, il ne peut que faire entendre de vaines protestations, et il est d'avance condamné à sanctionner par son caractère officiel les mesures les plus désastreuses. C'est ce qui est arrivé à l'honorable M. Moncelon, dont la valeur et le dévouement ne sauraient être mis en dout .

Cette habileté administrative dont la naïveté coloniale a été dupe, a bientôt produit ses effets.

Décret minier de 1883.

Un décret de 1883 a frappé les mines d'un droit de 10 francs par hectare non exploité, forçant ainsi les petits mineurs à abandonner des concessions dont une crise persistante empêchait l'exploitation, et dont la location était excessive, arrêtant les achats que font les spéculateurs, décourageant l'ardeur des prospecteurs, accentuant une misère déjà grande, et conduisant fatalement au délaissement des mines.

Impôt sur les terres en friche.

Le même principe, appliqué aux terres cultivables, a fait créer l'impôt sur les terrains en friche, dont la quotité n'a pas été déterminée, mais dont l'établissement suffit pour produire un résultat identique à celui des mines.

Cet impôt a, de plus, le grand tort de joindre le vague à l'arbitraire, car la pensée ne saisit pas aisément le sens du mot de FRICHE, dans un pays où toute la partie du sol inutilisée par la culture est envahie par l'élevage. La seule quantité encore improductive comprenant uniquement les 276,000 hectares disponibles, on arrivait à cette conséquence, au moins bizarre, que le propriétaire, — le domaine local, — se devait l'impôt à lui-même.

Ces deux premiers actes d'hostilité constituaient la plus grave atteinte au droit de propriété. Ils étaient de nature à appauvrir et à rebuter les colons, mais ils ne les supprimaient pas. Le décret du 16 août 1884 s'est chargé de le faire.

Décret de 1884.

Ce décret, qu'on a eu soin de faire escorter par un avis du Conseil d'État, — sans peut-être soumettre à ce juge toutes les pièces du procès, — consacre le droit primordial de l'État de joindre à son domaine le territoire entier de la Nouvelle-Calédonie. Mettant à néant les arrêtés, les décisions, les dépêches ministérielles qui, depuis trente ans, ont sanctionné l'abandon volontaire de l'État, constitué les réserves, et formé le domaine local, comme dans toutes les autres colonies, il légitime une odieuse spoliation.

Les conséquences en sont rigoureuses.

Toutes les concessions faites par le service local ont été consenties au nom du propriétaire vrai, — l'État; il n'existe donc dans l'île ni ville, ni particulier qui soit à l'abri de la résolution, si son titre n'a pas reçu l'approbation du ministère.

Pour les aliénations régulièrement autorisées, le service local doit la restitution des redevances encaissées; l'État seul peut prétendre aux termes arriérés et à venir; il est substitué au bénéfice des contrats en cours, dont une clause exorbitante donne le droit de déchéance, en dehors de toute formalité judiciaire, et sans remboursement des acomptes versés.

Les 276,000 hectares disponibles font retour à l'État, et le service local ne possède plus ni ressources ni crédit immobiliers.

C'est l'arrêt instantané de l'immigration libre, la perturbation dans les transmissions, la dépossession du plus grand nombre, la ruine du commerce, de la culture, de l'industrie, — *finis Caledoniæ.*

La France, à l'extrémité de cette grande ligne stratégique tracée au début de notre étude, n'aura plus que la représentation et la milice du bagne.

Est-ce le sort infailliblement réservé à la Nouvelle-Calédonie ?

Nous ne voulons pas le croire.

Nous n'admettons pas même la complicité du Gouvernement dans cette œuvre antipatriotique, entreprise par une Administration usurpatrice, et suivie par des bureaux imprévoyants.

Nous constatons, au contraire, avec bonheur, dans l'exécution du plan, des contradictions et des atermoiements qui témoignent de la sollicitude et de la bienveillance qui nous sont conservées en haut lieu, et nous font un devoir d'éclairer le pouvoir.

C'est ainsi que l'institution d'un Conseil général, accordée sans doute au grand déplaisir de quelques-uns, nous donne le droit de manifester nos désirs, et d'exprimer nos mécontentements ;

Que l'adjudication d'une fourniture importante au plus grand propriétaire de la colonie fournit un débouché à l'élevage, et provoque la création d'industries importantes ;

Que l'exécution du décret de 1883 a été ajournée jusqu'à la reprise du travail des mines ;

Que celui sur les terres en friche demeure sans application immédiate ;

Que les revenus du Domaine ont été laissés au service local pour l'exercice 1886 ;

Que l'agent envoyé par la Métropole a reçu des ordres pour ménager les débiteurs en retard ;

Que le droit de déchéance, imaginé dans le but de stimuler, par son exagération, la nonchalance Coloniale, semble demeurer aux mains de l'État, comme précédemment à celles du service local, une menace paternellement inexécutée ;

Que l'adjonction aux réserves pénitentiaires des terrains disponibles s'est jusqu'ici bornée au chiffre, déjà considérable, de 110,000 hectares, et que la propriété définitive du surplus reste encore à déterminer.

Toutes ces dispositions bienveillantes, exclusives d'un parti pris d'expulsion, prouvent que le Gouvernement ne cherche pas, comme l'Administration Pénitentiaire, l'extinction de la Colonisation libre.

Si, mal renseigné, il a prêté inconsciemment son concours à des compétitions mesquines, il n'ira pas plus loin dans cette voie funeste, dont les dangers lui sont signalés. Il ne sacrifiera pas à l'envahissement du bagne une terre lointaine, dont l'importance géographique et les ressources naturelles ont été surabondamment démontrées.

Relèvement de la Nouvelle-Calédonie.

Qu'a-t-il donc à faire?

L'adjudication de la fourniture de conserves au ministère de la guerre amènera l'écoulement du bétail, le réveil de l'industrie et du commerce, un commencement de prospérité dans un avenir rapproché.

L'envoi probable de récidivistes assurera le pain de demain.

Ce n'est pas assez.

Il faut l'annexion des Nouvelles-Hébrides pour liquider la situation des libérés;

Un réseau, non de routes Nationales, mais de modestes chemins, pour donner des voies de communication à l'agriculture;

La création de quais, docks et bassins pour les besoins du commerce et de la navigation;

La pose d'un câble télégraphique entre l'Australie et la Nouvelle-Calédonie, pour tirer cette dernière de son isolement.

Il faut ramener l'Administration Pénitentiaire à son rôle secondaire, affirmer hautement la suprématie du service local, qui représente la Colonisation libre, c'est-à-dire la France, et, tout en laissant à la première la manutention et la direction de la chiourme, la subordonner à la Direction de l'Intérieur, à laquelle elle doit apporter un moyen d'action, et non un obstacle, dont il est déplorable qu'elle puisse être la rivale, et même la supérieure.

Il faut surtout renoncer à une tutelle abusive, qui rappelle l'ancien servage, et que ne comporte pas l'organisation des sociétés modernes.

La Métropole n'est ni un maître ni un régent de collège ; les Colonies ne sont ni des ilotes, ni des réunions de mineurs. Comme l'a très justement rappelé M. le sous-secrétaire d'État de la Marine, en inaugurant l'une des rares sessions du Conseil Supérieur : « Il n'y a pas un » intérêt métropolitain et un intérêt colonial ; il n'y en » a qu'un, l'intérêt national, dans lequel viennent se » fondre les deux autres. » Si ces paroles sont exactes, c'est plus qu'ailleurs en Nouvelle-Calédonie, où deux colonisations sont en présence, et où le Gouvernement semble près d'abdiquer la sauvegarde de l'intérêt national entre les mains de l'administration du bagne.

C'est une humiliation injustifiée pour les gouvernants et les gouvernés d'outre-mer, c'est toujours une barrière devant le progrès, c'est souvent, comme au cas actuel, un grand danger, de prétendre diriger à 6,000 lieues de distance, de dénier aux représentants du Pouvoir l'intelligence des initiatives, et à ceux des colonies la sagesse des résolutions.

Les inamovibles et autocratiques bureaux doivent enfin comprendre que la rectitude de jugement, la prudence, la connaissance des choses ne sont pas cantonnées à la rue Royale ; que les émigrants en emportent leur quote-part avec eux ; que c'est folie de prétendre à une faculté d'appréciation supérieure à celle des intéressés ; que c'est un abus d'autorité de s'imposer, non par la persuasion des conseils, mais par l'expression non motivée de la volonté.

Mais, comme une semblable réforme est incompatible

avec une morgue et un dédain invétérés, la Nouvelle Calédonie en appelle à la France elle-même pour conquérir son indépendance. Si elle ne l'obtient pas, elle aura du moins épuisé toutes les voies de recours, et fait son devoir en lançant un avertissement qui n'aura pas été écouté.

Son premier Conseil général a bravement rempli son mandat. Sans se laisser émouvoir par le reproche d'attitude insurrectionnelle qui lui était adressé, ni par l'évocation de décrets mal inspirés, il a fait un impitoyable abatis dans la forêt d'irrégularités qu'il avait à traverser. Ce n'est pas le lieu de narrer ses querelles à propos des dépenses obligatoires, source onéreuse d'abus, qu'il avait le droit platonique de discuter, sans posséder celui de les empêcher. Nous ne relaterons que pour mémoire ses vigoureuses protestations au sujet des décrets spoliateurs de 1883 et de 1884, de l'impôt sur les terres en friche, de l'organisation policière, qui ressort à 300 francs par homme libre, du collège, qui livre des demi-savants à 3,000 l'un, des indemnités, qui augmentent les traitements sans raison plausible, des écritures ténébreuses dans lesquelles s'efface la clarté du budget. Ces indications suffisent pour attester sa clairvoyance, son amour du bien public, son indépendance, qu'à tort on a cru ridiculiser ou déconsidérer en les taxant d'inexpérience et de rébellion. Il s'honore de cette résistance réfléchie, dans laquelle il a eu pour précurseurs les grands révoltés de 1789.

Mais le détail de toutes ces discussions aboutit au Ministère de la Marine, et nous n'implorons pas le secours de nos concitoyens dans une lutte où notre persévérance et la démonstration de notre bon droit nous feront triompher tôt ou tard.

Il en est de même des vœux exprimés par le Conseil général, qui réclament :

La prolongation du séjour des Gouverneurs, et l'extension de leurs pouvoirs ;

La subordination de l'Administration Pénitentiaire à la Direction de l'Intérieur ;

L'abrogation des décrets sur les Mines et sur le Domaine ;

La suppression de l'impôt sur les terres en friche ;

La réforme judiciaire ;

L'exécution de grands travaux d'intérêt général ;

L'établissement de douanes qui nous protègent contre la concurrence étrangère ;

Et d'autres réformes secondaires ;

Tout cela est à débattre à la Direction des Colonies, en dehors de l'initiative Parlementaire.

Mais ce pourquoi nous venons devant le pays, et le faisons juge de questions dont il doit connaître souverainement, c'est :

L'annexion des Nouvelles-Hébrides ;

La fixation d'un terme à l'envoi des transportés et des récidivistes ;

La création d'une milice coloniale ;

La substitution au régime des décrets de la loi commune, sauf les modifications que peuvent exiger les conditions particulières de la Colonie ;

La représentation au Parlement.

Nous n'avons pas à revenir sur la nécessité de l'annexion des Nouvelles-Hébrides. Elle a été démontrée dans les premières pages de cette étude.

Fixation du terme assigné à l'envoi des transportés et des récidivistes.

Celle de prévoir l'époque à laquelle prendra fin la transportation, doublée bientôt de la relégation, est commandée par la sécurité de la colonisation libre. Seule, elle peut la garantir contre les empiétements qui la tourmentent aujourd'hui, et lui donner la confiance dans l'avenir, sans laquelle jamais elle ne s'élèvera à la hauteur du rôle qu'elle doit jouer pour répondre aux sacrifices de la Mère Patrie. Mieux que toute réglementation administrative, elle affirmera sa mission prépondérante, et imposera sa véritable destination à l'Administration Pénitentiaire. Il est temps d'ailleurs que nous perdions l'habitude d'un subside ignominieux, que nous prenions celle de compter sur nous-mêmes, et que nous soyons privés des bienfaits d'un service qui nous les fait payer trop cher. Il est temps aussi de comprendre que nous ne sommes pas à perpétuité le dépotoir de la métropole, et qu'après avoir achevé la tâche imposée par la loi, l'élément pénal devra disparaître, pour la recommencer ailleurs. C'est le véritable esprit de la loi fondamentale contre lequel ne sauraient prévaloir les utopies de la loi d'application qui a été édictée en 1854.

Création d'une milice coloniale.

Les conditions du recrutement militaire entraînent l'exemption des jeunes gens nés dans les colonies. Mais cette disposition favorable ne s'étend pas à ceux qui sont nés en France. Il en résulte des anomalies qui ne sont pas universellement comprises, et font crier au favoritisme. Tandis que les premiers ne paient pas « l'impôt du sang », les seconds sont obligés de quitter leur famille pour aller faire leur service en France. De là des récriminations, injustifiées au fond, mais qui ont pour elles l'apparence de la logique. Il importe de rétablir l'égalité, et le Ministre qui n'a pas craint d'attaquer les privilégiés de l'Enseignement ne doit pas ménager davantage ceux de la Colonisation. Si le service militaire est une charge, nul ne peut en être affranchi ; s'il est un honneur, nul ne peut en être privé. Et c'est tellement un honneur qu'il ennoblit l'expression de « métier », et que la plus infamante des peines, c'est la dégradation « qui déclare indigne d'appartenir à l'armée ». Aussi, les députés coloniaux l'ont-ils revendiqué pour leurs créoles, et nous appuyons des nôtres leurs légitimes et patriotiques observations.

Mais, si la loi doit être égale pour tous les citoyens, c'est dans les droits comme dans les devoirs. Et ce principe est violé pour les jeunes Calédoniens, à qui l'obligation uniforme du service en France impose un déplacement lointain, auquel le hasard du tirage ne soumet qu'un petit nombre des conscrits Français.

La création d'une milice coloniale recrutée parmi les habitants de l'île ferait disparaître cette injustice, et aurait l'avantage, en réduisant l'effectif de l'Infanterie de Marine, de diminuer, au moment du tirage au sort, l'importance des expatriations.

Il n'y a, en effet, aucun motif pour que ce nouveau corps, recevant une forte éducation militaire, ne rende pas les services qu'on obtient des tirailleurs Algériens ou Sénégalais, — troupes indigènes, — qui allègent la tâche de l'armée régulière.

Cette mesure, qui est trop équitable pour pouvoir être valablement contestée, donnerait un contingent de quelques centaines d'hommes accoutumés au pays, et qui seraient à l'abri des épreuves de l'acclimatement, de la nostalgie, des insolations et de l'anémie.

Suppression du régime des décrets.

De tous les vestiges que nous a laissés l'absolutisme, le régime des décrets est peut-être le plus contraire aux institutions libérales. Un décret, c'est un blanc-seing donné par la législature au pouvoir exécutif. Quand il est, comme le règlement administratif, un simple mode d'exécution, un corollaire de la loi, il ne présente aucun danger, parce qu'il s'inspire de cette loi et de l'esprit que la discussion ajoute au texte. Il est, suivant les circonstances, un acte de promulgation, ou l'emploi d'une prérogative délibérée. En aucun cas il n'émane d'une initiative autoritaire. Mais quand il se substitue à la loi, quand il devient la loi elle-même, il est une œuvre de bon plaisir, trop souvent surprise à la confiance du Ministre qui le présente et du chef de l'État qui le signe ; il écarte la contradiction ; il dépouille les citoyens de la garantie que leur assure un débat public.

Il est donc irrationnel et vexatoire de mettre certaines colonies hors la loi, et de les soumettre à l'arbitraire de décrets qu'elles doivent subir sans avoir pu les discuter. C'est les traiter avec une désinvolture que ne justifie pas leur caractère de membres de la grande famille Française ; c'est prolonger indéfiniment leur minorité, et leur appliquer, comme aux enfants, le « *sit pro ratione voluntas* ».

Cette horreur du régime des décrets surgit à la lecture de ceux, déjà cités, de 1883 et de 1884. Quel esprit non prévenu oserait dire que de telles dispositions, présentées dans un projet de loi, débattues au Parlement, éclairées des renseignements que nous avons déjà fournis, auraient obtenu la sanction des Chambres ? Qui pourrait prétendre que des législateurs Français auraient préconisé la suprématie du bagne, et, d'un trait de plume, supprimé la France en Océanie ?

Il n'est pas douteux que de semblables propositions n'auraient jamais abordé la tribune, et seraient demeurées dans les cartons de la Pénitentiaire qui les a enfantées.

Nous demandons donc instamment à être rattachés de fait, comme nous le sommes de cœur, à la grande Nation, à cesser d'être assimilés à des incapables, à devenir un département lointain, avec sa sujétion à la loi commune, ses franchises, ses garanties, ses prérogatives et ses obligations.

Représentation au Parlement.

Une transition naturelle nous amène à solliciter la représentation de la Nouvelle-Calédonie au Parlement.

Si jamais colonie put prétendre à ce droit, — qu'en principe toutes devraient posséder aussi bien que le moins important des arrondissements de France, — c'est assurément la Nouvelle-Calédonie.

On ne doit pas s'arrêter au nombre restreint de ses électeurs (1,200 environ) ; car l'argument se retournerait immédiatement contre telle autre qui, bien qu'en possédant moins, est dotée d'un sénateur et d'un député.

Des esprits sérieux ne se préoccuperont pas davantage de la mauvaise réputation que lui fait son bagne. A-t-on jamais songé à englober dans une réprobation injuste, dans une sorte de proscription, les habitants de Brest, Rochefort ou Toulon, et des villes qui sont affligées d'une maison centrale ?

Il faut se placer à un point de vue plus élevé.

La Nouvelle-Calédonie, — nous l'avons démontré, — doit à sa situation un rang exceptionnel parmi les Colonies.

Sa qualité particulière de refuge pénitentiaire lui crée constamment des difficultés et des causes de conflit sur lesquelles nous ne reviendrons pas.

Est-il une autre colonie qui, autant qu'elle, ait à tenir, non le Gouvernement, mais le pays, au courant des incidents graves qui se produisent ; donne lieu à d'utiles interpellations ; puisse réclamer des travaux de défense et d'amélioration ; assimile aux siens les intérêts de la Métropole ?

Si, depuis trente ans, nous avions un député, ses sollicitations et ses représentations ne seraient pas demeurées infructueuses, comme les molles observations des Gouverneurs. La main-d'œuvre pénitentiaire eût été utilisée ; le port de Nouméa aurait reçu les déblaiements qu'il attend ; les quais, les magasins et les bassins seraient construits ; les côtes et les approches de l'île eussent été rendues inaccessibles ; un réseau de routes la sillonnerait ; la colonie serait florissante, et l'on n'aurait jamais songé à expulser l'élément libre pour le remplacer par l'élément pénal, instrument aussi impuissant qu'infâme pour une œuvre de colonisation.

Ce n'est pas un rêve, c'est une réalité indéniable. Car, là où les administrations s'endorment, où les Gouverneurs se désintéressent, le représentant du pays, enfant du sol où il a ses attaches, en communauté d'idées et de besoins avec ses électeurs, persévère, persuade et obtient.

Efforts de la colonisation libre.

Il aurait exposé devant le Parlement des tableaux que ne saurait contenir le cadre étroit des bureaux. Il aurait donné sur les besoins et les ressources de ce pays lointain des renseignements que ne sollicite pas, que repousse même, la présomption de l'Administration centrale. Il aurait mis en lumière la vaillance de ces colons trop méconnus, auxquels est dû le peu qui existe.

C'est, en effet, une histoire instructive que celle des efforts tentés depuis trente ans par une succession d'hommes de bonne volonté. Elle montre tout à la fois ce qu'a fait l'élément libre laissé à lui-même, et quel concours efficace lui a donné l'élément pénal jusqu'au jour où il a cessé d'être un instrument de travail.

Pendant une première période de dix ans, Paddon exploite les essences précieuses du santal et du bois de rose, organise le commerce du coprah et de l'holothurie, noue des relations importantes aux Nouvelles-Hébrides, et, de l'île Nou, centre principal de ses opérations, met en mouvement une flottille de douze navires, Nouméa, Païta, Canala, Koné, Ouéoga et d'autres villages moindres se peuplent de commerçants et de cultivateurs, les stations d'éleveurs se multiplient, des industries se créent : briqueteries, salines, savonnerie, fabrique de tabacs.

A l'époque secondaire, qui commence en 1863, apparaît l'élément pénal, avec la force qu'il doit à la sévère application de la loi, et qu'il perdra progressivement en s'acheminant vers les utopies des dernières années. Une ère de prospérité s'ouvre pour la Nouvelle-Calédonie, et se continuera pendant quinze ans, jusqu'à la date néfaste de 1878, qui inaugure celle des insurrections, des cyclones et des catastrophes financières. Avec l'aide des condamnés, Nouméa s'aplanit, et est définitivement conquis sur la mer; ses monuments s'élèvent; son rayonnement de routes se commence. Le centre agricole de Moindou est créé. L'immense propriété de Gomen se forme, avec son comptoir commercial, et ses 26,000 hectares d'excellents pâturages. La forêt de Trazégnies est exploitée, et livre à la culture 300 hectares de terres magnifiques. Les établissements de Saint-Louis, de la Conception, de Bondé, se fondent, et les Maristes y forment les indigènes à la civilisation. Les fermes importantes d'Yahoué, de Koutio-Koutia, de Nemba, sont organisées. L'élevage prend une extension considérable. Les mines de toute nature sont exploitées, et, par l'énergique initiative de M. Higginson, arrivent à un prodigieux essor. De puissantes maisons de commerce de France établissent des succursales à Nouméa. Une grande banque fonctionne, et, par la circulation des capitaux, entretient l'activité générale. La situation de la Nouvelle-Calédonie est alors si florissante qu'elle attire l'émigration de nombreux habitants de la Réunion, éprouvés par une suite de revers. Ils amènent avec eux des travailleurs Indiens, introduisent l'industrie sucrière, et développent la culture du café. C'est l'époque où, par l'élevage, les mines, le commerce, s'élèvent de grandes fortunes. La culture seule ne donne, faute d'encouragements, que des résultats incomplets, mais elle est loin de péricliter. L'aisance, d'ailleurs, est universelle, et la misère est inconnue.

Comment de cette splendeur la colonie est-elle tombée à l'abaissement qu'il nous a fallu dépeindre? Nous l'avons déjà dit : sa dégénérescence est due aux événements fâcheux de 1878 et 1879, à la production excessive du bétail et des mines, mais, par-dessus tout, à l'indifférence, à l'abandon du Gouvernement, aux détestables errements de l'Administration Pénitentiaire, que l'honorable délégué de la Nouvelle-Calédonie, M. Moncelon, vient d'exposer en termes saisissants dans un livre très remarquable.

C'est le moment de traiter avec plus de développement les questions, déjà effleurées, de la sollicitude gouvernementale et de la réforme pénitentiaire.

Intervention du Gouvernement.

Nous avons constaté que le Gouvernement semblait vouloir renoncer au délaissement qu'il nous a trop longtemps infligé, et que l'adjudication de la fourniture des conserves de viande à laquelle, pour la première fois, le Ministère de la Guerre a convié les Colonies, et qu'a obtenue, jusqu'à concurrence de 30,000 quintaux, le propriétaire de Gomen, M. Digeon, est de nature à tirer l'industrie du marasme, et à sortir la Calédonie de ses embarras les plus immédiats. Nous en avons accueilli la nouvelle avec joie et reconnaissance ; nous y avons vu le gage du retour à une action bienveillante, et un engagement tacite de renoncer à des mesures désastreuses.

Modifications du régime pénitentiaire.

Nous avons ajouté que le remède serait insuffisant si le régime pénitentiaire ne subissait pas de profondes modifications.

Nous ne reviendrons pas sur la démonstration, déjà faite, de son inutilité actuelle, de sa concurrence illogique, de son influence démoralisante, des conflits et de la stagnation qu'entraînent ses prétentions à une suprématie inactive.

Après avoir sincèrement reconnu l'aide réelle qu'en d'autres temps elle a prêtée à la colonisation libre, nous demandons simplement qu'elle soit ramenée à son programme primitif, qui comportait l'exécution des grands travaux publics, notamment la construction des routes, quais, magasins, etc.

Pour cela, il faut nécessairement abandonner un système vicieux, qui fausse la loi, en soustrayant le malfaiteur à la peine, en considérant comme obligatoires des adoucissements facultatifs, en offrant une véritable prime au criminel ; qui fait de l'Administration Pénitentiaire une puissance au lieu d'une auxiliaire ; qui transforme en serviteurs exclusifs de cette Administration les serviteurs désignés de la Colonie.

Ces considérations conduisent à des réformes radicales sur l'emploi des condamnés, leur mise en concession, la situation réciproque du service local et de l'Administration Pénitentiaire. Elles exigent la nomination d'un chef doué de tact, d'énergie et d'abnégation, la composition d'un personnel d'élite, la reconstitution du corps des surveillants militaires, aujourd'hui sans cohésion ni situation déterminée, mal soutenu, dépourvu de prestige, partant d'un recrutement très difficile.

L'Administration Pénitentiaire, en un mot, doit cesser d'être la maîtresse de la Nouvelle-Calédonie pour en devenir un colon, astreint à des charges particulières.

Ceci nous amène à rectifier une appréciation très fausse de notre situation vis-à-vis de l'Etat.

Il a été trop dit, et il a été répété par des personnes peu réfléchies, que le bagne était un bienfait pour la

Nouvelle-Calédonie, que lui seul la faisait vivre, qu'elle imposait à la France un sacrifice annuel de plusieurs millions.

Comme si, en quelque endroit que fût la transportation, l'entretien d'une armée de criminels ne devait pas être aussi coûteux;

Comme si la Nouvelle-Calédonie avait été occupée dans le but unique de l'internement des condamnés, et non dans celui, beaucoup plus élevé, de prendre pied en Océanie;

Comme si cette malheureuse Colonie était un parasite à la charge du budget!

Erreur commune à tous ceux qui s'obstinent à voir dans la Calédonie un vaste établissement pénitentiaire, faisant la fortune de quelques fournisseurs, et qui oublient ou ne savent pas qu'elle est avant tout une colonie libre, ayant donné une hospitalité forcée au bagne, qu'elle possède un Gouverneur, des Administrations, des institutions judiciaires et municipales, qu'elle renferme 6 ou 7,000 émigrants volontaires;

Erreur qui, en subordonnant l'accessoire au principal, aurait fait naguère une singulière situation à Brest, Rochefort et Toulon, et qu'une conséquence logique devrait même étendre aux villes de garnison.

Le bagne serait un bienfait s'il accomplissait sa tâche, s'il dotait la colonie de grands travaux d'utilité publique. En dehors de là, il fournit des consommateurs, il amène de l'argent, — et nous n'avons pas, surtout maintenant, le droit d'en faire fi, — mais ses envahissements stériles, sa concurrence déloyale, son action absorbante, son influence paralysante et démoralisatrice, sont de dures compensations, et tout le mal qu'il fait est le prix exagéré du peu de bien qu'il produit.

Que sont d'ailleurs les prétendus sacrifices pécuniaires de la Métropole en présence de ceux des colons? Si, pour l'entretien de ses forçats, la France, en effet, a déjà dépensé trop de millions, les autres ont proportionnellement contribué pour une plus forte part à l'œuvre colonisatrice. Sans parler du courant de capitaux que les mines ont introduit en Calédonie, et pour ne citer que les noms principaux de tous ceux qui ont semé, sans avoir encore rien récolté, n'est-ce donc rien que les 1,500,000 francs de M. de Keréguen, le million de la Société foncière, et celui de M. Digeon ? La liste serait trop longue des travailleurs obstinés de la colonisation en Nouvelle-Calédonie, et, après l'avoir lue, on se demanderait si tous ces dévouements, affranchis de la gêne pénitentiaire, n'auraient pas abouti à des résultats plus fructueux.

Du moins, cet élément libre, si injustement déprécié, a-t-il su faire les fondations de l'édifice qu'il s'agit enfin d'élever.

Et c'est par la peinture réconfortante de ses travaux que nous voulons terminer notre étude.

Conclusion.

La situation, nous l'avons dit, est tendue, mais elle est loin d'être désespérée.

120,000 bœufs errent dans les pâturages.

Un noyau suffisant de cultivateurs ne réclame que des routes et l'exemple des expérimentations.

Trazégnies offre à la distillation sa récolte annuelle d'un million d'oranges, ses ananas, ses 300 hectares de maïs.

La canne à sucre pousse à souhait dans les champs de Bourail et de la Dumbéa.

On cultive avec succès le tabac à Moindou, le café à Trazégnies et à Canala.

Des essais heureux ont été faits, dans ce dernier centre, pour la distillation de l'ananas, et à Païta pour l'acclimatement de la vigne.

Une quantité considérable de minerais extraits n'attend que la découverte, presque faite, d'un traitement assez économique pour introduire le nickel dans les usages industriels et domestiques.

Il existe des hauts fourneaux à Nouméa et à Thio, une usine sucrière à Bourail, une fabrique de tabac, des briqueteries, des salines, une savonnerie, une distillerie, des ateliers de charronnerie, des chantiers de construction de bateaux.

Des fabriques de conserves et de noir animal, des scieries mécaniques, une tannerie, sont en voie de création à Gomen.

On trouve des maisons de commerce, des stations de bétail, des centres agricoles, sur tous les points de l'île.

Tout cela est l'œuvre de la colonisation libre, tout cela sommeille, mais ne demande qu'à se réveiller.

Il ne manque qu'une assistance, moins pécuniaire que matérielle : des routes et de grands travaux, pour lesquels l'instrument est sur place, — c'est la main-d'œuvre pénitentiaire.

Cette assistance, la France ne la refusera pas à sa colonie. Qu'elle fasse abstraction des sacrifices stériles et de l'inertie des trente dernières années ; que le Gouvernement se mette résolument à l'œuvre, comme il eût dû le faire dès 1854. Il aura du moins ce bénéfice qu'alors tout était à créer, et qu'aujourd'hui une grande partie de la tâche est achevée.

IMPRIMERIE CHAIX, RUE BERGÈRE, 20, PARIS. — 14726-6.

www.ingramcontent.com/pod-product-compliance
Lightning Source LLC
LaVergne TN
LVHW010044230826
846091LV00005B/1854